BEI GRIN MACHT SIC
WISSEN BEZAHLT

- Wir veröffentlichen Ihre Hausarbeit,
  Bachelor- und Masterarbeit

- Ihr eigenes eBook und Buch -
  weltweit in allen wichtigen Shops

- Verdienen Sie an jedem Verkauf

Jetzt bei www.GRIN.com hochladen
und kostenlos publizieren

Martin Hochheim

"Rechte" und "linke" Parlamentarismuskritik - Carl
Schmitt und Johannes Agnoli im Vergleich

GRIN Verlag

Bibliografische Information der Deutschen Nationalbibliothek:

Die Deutsche Bibliothek verzeichnet diese Publikation in der Deutschen National-
bibliografie; detaillierte bibliografische Daten sind im Internet über http://dnb.d-
nb.de/ abrufbar.

Impressum:

Copyright © 2010 GRIN Verlag GmbH
Druck und Bindung: Books on Demand GmbH, Norderstedt Germany
ISBN: 978-3-640-93571-0

Dieses Buch bei GRIN:

http://www.grin.com/de/e-book/173370/rechte-und-linke-parlamentarismuskritik-
carl-schmitt-und-johannes

GRIN - Your knowledge has value

Der GRIN Verlag publiziert seit 1998 wissenschaftliche Arbeiten von Studenten, Hochschullehrern und anderen Akademikern als eBook und gedrucktes Buch. Die Verlagswebsite www.grin.com ist die ideale Plattform zur Veröffentlichung von Hausarbeiten, Abschlussarbeiten, wissenschaftlichen Aufsätzen, Dissertationen und Fachbüchern.

Besuchen Sie uns im Internet:

http://www.grin.com/

http://www.facebook.com/grincom

http://www.twitter.com/grin_com

„Rechte" und „linke" Parlamentarismuskritik

Carl Schmitt und Johannes Agnoli im Vergleich

Veranstaltung:	Hauptseminar Carl Schmitt

Lehrstuhl:	Professur für Politische Theorie und Ideengeschichte,
Universität:	Universität Passau
Semester:	04

vorgelegt von:	Martin Hochheim
Studiengang:	B.A. Governance and Public Policy
Fachsemester:	05

Modulzuordnung:	B: Schwerpunktmodulgruppe Politikwissenschaft
	Politische Theorie und Ideengeschichte
	321318	HS Politische Theorie und Ideengeschichte

Passau, 02.11.2010

Inhaltsverzeichnis

1.Einleitung

„Fraglos ist das Parlament als "Legislative" und als Körperschaft, in der Volksinteressen gesetzgeberisch Ausdruck finden sollten, gegenüber der "Exekutive" bis zur Bedeutungslosigkeit herabgesunken"[1] schreibt Johannes Agnoli über das Parlament. Auch Carl Schmitt äußert sich in ähnlicher Weise: „das ganze parlamentarische System [ist] nur eine schlechte Fassade vor der Herrschaft von Parteien und wirtschaftlichen Interessenten"[2]. Diese beiden Aussagen von Johannes Agnoli und Carl Schmitt bilden den Einstieg in die vorliegende Arbeit. Agnoli wird meist dem „linken", Schmitt dem „rechten Lager" der Parlamentarismuskritik zugeordnet.[3] Im Folgenden soll untersucht werden, was beide Theoretiker am Parlament kritisieren, wo Gemeinsamkeiten und Unterschiede vorliegen und ob ihre Lagerzuordnung stimmig ist. Als Textgrundlage dient für Carl Schmitt „Die geistesgeschichtliche Lage des heutigen Parlamentarismus" von 1926 und für Johannes Agnoli „Die Transformation der Demokratie" aus dem Jahr 1968.

Zunächst wird Schmitts Verständnis von Demokratie und Liberalismus, das besonders in der Vorbemerkung zur seiner Schrift deutlich wird, vorgestellt. Im Anschluss daran, werden die Eigenschaften des Parlaments und Schmitts Kritik an diesem herausgestellt. Als Textgrundlage dient hier im Speziellen das zweite Kapitel, das den Titel: „Die Prinzipien des Parlamentarismus" trägt.

In einem zweiten Schritt, wird Johannes Agnolis „Transformation der Demokratie" analysiert. Als Hauptquelle dient der Abschnitt „Die Repräsentation der Herrschaft". Auch in diesem Kapitel werden zunächst Agnolis Vorstellungen über die Demokratie erläutert, bevor seine Kritik am Parlament aufgezeigt wird.

In einem letzten Schritt werden beide Autoren miteinander vergleichen, Gemeinsamkeiten und Unterschiede herausgearbeitet und dadurch die Zuordnung zu einem politischen Lager vorgenommen.

2. Carl Schmitts „Die geistesgeschichtliche Lage des heutigen Parlamentarismus"

1926 veröffentlichte Carl Schmitt sein Werk „Die geistesgeschichtliche Lage des heutigen Parlamentarismus". In diesem geht es ihm darum, die geistige Grundlage des Parlaments zu erschließen. Innerhalb der Schrift gibt er zudem damit verbundene Ziele an.

Ein Hauptanliegen ist herauszufinden, worauf „der Glaube [beruht], den ein ganzes Jahrhundert für diese Institution hatte"[4]. Zudem gibt Schmitt das Ziel an, „den letzten Kern der Institution des modernen Parlaments zu treffen"[5] um durch seine umfassende Analyse dabei zu helfen, das

---

[1] Agnoli: Die Transformation der Demokratie, 1990, S. 70

[2] Schmitt: Die geistesgeschichtliche Lage des heutigen Parlamentarismus, 2010, S. 28

[3] vgl. Marschall, Parlamentarismus. Eine Einführung, 2005, S. 253 - 258

[4] Schmitt: Die geistesgeschichtliche Lage des heutigen Parlamentarismus, 2010, S. 41–42

[5] Schmitt: Die geistesgeschichtliche Lage des heutigen Parlamentarismus, 2010, S. 30

Parlament zu modernisieren.[6] Zum besseren Verständnis von Schmitts Zielen werden zunächst seine Definitionen von Demokratie und Liberalismus aufgezeigt.

2.1 Prämissen der Parlamentarismuskritik - Demokratie und Liberalismus

In den letzten Jahrhunderten sei die Demokratie mit der Entwicklung des Parlaments einhergegangen. Man hätte im Kampf mit der Obrigkeit nicht daran gedacht, beide Prinzipien voneinander zu trennen. Jetzt, wo dieser gemeinsame Kampf aber gewonnen sei, müsse man beide Prinzipien unterscheiden. Der „Unterschied von liberal-parlamentarischen und massendemokratischen Ideen [kann] nicht länger unbeachtet bleiben."[7] Dabei gehöre der Glaube an das Parlament in die Gedankenwelt des Liberalismus. Demokratie hingegen sei etwas vollständig anderes. Sie beruhe auf dem Prinzip der Homogenität und damit auch auf der Vernichtung alles Heterogenen.[8] „Die politische Kraft einer Demokratie zeigt sich darin, daß sie das Fremde und Ungleiche, die Homogenität Bedrohende zu beseitigen und fernzuhalten weiß"[9]. Dabei brauche die Gleichheit immer einen Bereich, indem sie aktiv werden kann. Dies könne Sprache, Nation oder politische Einstellung sein. Diejenigen, die nicht-gleich sind, würden ausgegrenzt und als heterogene Objekte unterdrückt.

Liberalistische Forderungen, welche die Demokratie mit dem „allgemeine[n] und gleiche[n] Wahlrecht"[10] verwirklicht sehen, weist Schmitt kategorisch zurück. Solche Forderungen würden auf eine allgemeine Menschengleichheit abzielen welche wiederum nicht mit dem Prinzip der Demokratie vereinbar sei. Selbst wenn man verwirklichen wollte, dass alle Menschen gleich gestellt sind und überall auf der Welt die exakt gleichen Rechte hätten, so würde man dieser Gleichheit ihre Substanz entziehen. Zu einer Gleichheit gehöre zwangsweise immer eine Ungleichheit. Sind aber alle Menschen gleich, so gäbe es nichts Ungleiches mehr. Die Menschengleichheit wäre dann ohne jegliche Basis und demzufolge unbedeutend. Die Ungleichheiten würden sich auf ein anderes Gebiet verlagern, weg vom Politischen auf das Wirtschaftliche. Vielmehr sei eine richtige Demokratie dort zu finden, wo „Identität von Regierten und Regierenden"[11] herrscht und diese beinhalte zwangsläufig einen heterogenen Bevölkerungsanteil.

Lange Zeit sei das Streben nach Demokratie mit dem Glauben an das Parlament verbunden gewesen. Aber zwischen beiden gäbe es einen starken Gegensatz. Während die Demokratie die größtmögliche Homogenität des Volkes zum Ziel hätte, wolle der Liberalismus das Individuum stärken.

---

[6] Schmitt: Die geistesgeschichtliche Lage des heutigen Parlamentarismus, 2010, S. 30

[7] Schmitt: Die geistesgeschichtliche Lage des heutigen Parlamentarismus, 2010, S. 6

[8] vgl. Schmitt: Die geistesgeschichtliche Lage des heutigen Parlamentarismus, 2010, S. 14

[9] ebd.

[10] Schmitt: Die geistesgeschichtliche Lage des heutigen Parlamentarismus, 2010, S. 15

[11] Schmitt: Die geistesgeschichtliche Lage des heutigen Parlamentarismus, 2010, S. 22

Dabei wird er als „konsequentes, umfassendes, metaphysisches System"[12] angesehen, welches nicht nur die Wirtschaft umfasst, sondern in allen Lebensbereichen versucht, individuelle Freiheiten durchzusetzen. Aus der Konkurrenz der Freiheiten würde sich, nach der Theorie, im Wirtschaftlichen die beste Harmonie und in der Diskussion die absolute Wahrheit ergeben. Die Theorie des Liberalismus basiere auf einer Gedankenwelt, die „gegensätzliche Interessen, Verschiedenheiten und Egoismen"[13] voraussetze.

In der modernen Massendemokratie werde versucht, das demokratisch-homogene Prinzip mit dem liberal-individuellem Ansatz zu verbinden. Bei dem Versuch der Verbindung müsse es aber unweigerlich zu Problemen kommen. Schon die Gewaltenteilung, die der Liberalismus für unverzichtbar hält, sei mit der Identität von Regierenden und Regierten nicht vereinbar.[14] Es ist „der in seiner Tiefe unüberwindliche Gegensatz von liberalem Einzelmensch-Bewußtsein und demokratischer Homogenität"[15], welcher die Krise der modernen Massendemokratie ausmache. Dem liberalen „Einzelmensch-Bewußtsein" und seinem Glauben an das Parlament will Schmitt auf den Grund gehen, um zu zeigen, dass der Glaube an das Parlament veraltet ist.

2.2 Parlamentarismus

2.2.1 Eigenschaften

Carl Schmitt will verstehen, warum das Parlament der Aufforderung unterliegt, die Regierung zu kontrollieren. Es geht ihm nicht um die Frage nach den Aufgaben des Parlaments, sondern um die Attribute, welche dem Parlament zugewiesen werden, damit die Menschen an dieses glauben können.

Die älteste Erklärung für das Parlament sei rein praktisch: „[E]igentlich müsste das Volk in seiner wirklichen Gesamtheit entscheiden, [...] aber aus praktischen Gründen [...] hilft man sich vernünftigerweise mit einem gewählten Ausschuss von Vertrauensleuten, und das ist eben das Parlament."[16] Mit dieser Erklärung bricht Schmitt aber sobald und schließt, dass das Volk genauso gut durch einen einzigen Vertreter repräsentiert werden könnte und die Argumentationskette trotzdem nicht reißen würde.[17] Der wirkliche Sinn des Parlaments sei, ein „Prozess der Auseinandersetzung von Gegensätzen und Meinungen, aus dem sich der richtige staatliche Wille als Resultat ergibt. Das Wesentliche des Parlaments ist also öffentliches Verhandeln von Argument und Gegenargument, öffentliche Debatte und öffentliche Diskussion."[18]

---

[12] Schmitt: Die geistesgeschichtliche Lage des heutigen Parlamentarismus, 2010, S. 43

[13] Schmitt: Die geistesgeschichtliche Lage des heutigen Parlamentarismus, 2010, S. 20

[14] vgl. Schmitt: Die geistesgeschichtliche Lage des heutigen Parlamentarismus, 2010, S. 46

[15] Schmitt: Die geistesgeschichtliche Lage des heutigen Parlamentarismus, 2010, S. 23

[16] Schmitt: Die geistesgeschichtliche Lage des heutigen Parlamentarismus, 2010, S. 42

[17] vgl. ebd.

[18] Schmitt: Die geistesgeschichtliche Lage des heutigen Parlamentarismus, 2010, S. 43

Diese beiden Eigenschaften - Öffentlichkeit und Diskussion - seien die entscheidenden Prinzipien des Parlaments. Sie sind es, was das Parlament auszeichnet. „Durch Öffentlichkeit und Diskussion allein glaubte man die bloß tatsächliche Macht und Gewalt überwinden und den Sieg des Rechts über die Macht herbeiführen zu können."[19] Daher konzentriert sich Schmitt in der Analyse der Eigenschaften auch auf diese beiden.

2.2.1.1 Diskussion und Gesetz

Diskussion ist dabei nicht nur simples Verhandeln, sondern bedeutet „einen Meinungsaustausch, der von dem Zweck beherrscht ist, den Gegner mit rationalen Argumenten von einer Wahrheit und Richtigkeit zu überzeugen oder sich von der Wahrheit und Richtigkeit überzeugen zu lassen"[20]. Die Abgeordneten müssten demnach frei von jeglicher Parteibindung und egoistischen Interessen sein. Gesetze demzufolge aus einem „Kampf der Meinungen"[21] und nicht aus einem Kompromiss von Interessen hervorgehen. Dabei sei das Parlament „nur solange ‚wahr', als die öffentliche Diskussion ernst genommen"[22] wird. Ohne die Diskussion ist das Parlament nur eine Illusion. Durch den Prozess des Diskutierens, bei dem Pro- und Contraargumente ausgetauscht werden, würde die „relative Wahrheit"[23] gewonnen. Diese Wahrheit könne nur relativ sein, da die Diskutierenden zur Diskussion gemeinsame Überzeugungen mitbringen müssten.[24] Ein Meinungsausgleich kann „sich infolgedessen niemals auf absolute Fragen der Weltanschauung erstrecken, sondern nur Dinge betreffen, die ihrer relativen Natur nach für einen derartigen Prozeß geeignet sind."[25] Der Gedankenaustausch im Parlament sei noch aus einem weiteren Grund relativ. Die Annahme, dass im Parlament durch den Meinungsaustausch die besten Ergebnisse erzielt werden können, sei ein liberaler Grundgedanke. Genauso wie im freien Spiel der Unternehmen auf dem Wettbewerbsmarkt, wird hier davon ausgegangen, dass sich automatisch die Wahrheit findet. Basierend auf Guizot beschreibt Schmitt, dass das Parlament der Ort sei, an dem sich die Vernunft des Landes kristallisiert und „zur öffentlichen Herrschaft"[26] bringt. Mohl zitierend fragt Schmitt anschließend aber nach einer Sicherheit dafür, dass diejenigen Abgeordneten im Parlament, auch tatsächlich diejenigen sind, welche die wirkliche Vernunft repräsentieren. In der Theorie sei dies durch den Wettbewerb der Meinungen garantiert.

---

[19] Schmitt: Die geistesgeschichtliche Lage des heutigen Parlamentarismus, 2010, S. 61

[20] Schmitt: Die geistesgeschichtliche Lage des heutigen Parlamentarismus, 2010, S. 9

[21] ebd.

[22] ebd.

[23] Schmitt: Die geistesgeschichtliche Lage des heutigen Parlamentarismus, 2010, S. 58

[24] Schmitt: Die geistesgeschichtliche Lage des heutigen Parlamentarismus, 2010, S. 9

[25] Schmitt: Die geistesgeschichtliche Lage des heutigen Parlamentarismus, 2010, S. 58

[26] Schmitt: Die geistesgeschichtliche Lage des heutigen Parlamentarismus, 2010, S. 42

Da dessen Stattfinden in der Realität nicht immer gewährleistet sei, könne die im Parlament gewonnene Wahrheit immer nur relativ sein.[27] Absolut ist die Wahrheit dagegen, wo ein definitives Resultat steht, im Gegensatz zum bloßen kontinuierlichen Austausch von Meinungen im Parlament. Eine Regierung, die eine Entscheidung trifft, spricht die absolute Wahrheit aus. „Gesetzgebung ist deliberare, Exekutive agere"[28]. Souverän sei nicht das Volk, sondern derjenige, „der über die Ausnahme entscheidet"[29] Ebenso bestünde die „Lehre vom Rechtsstaat"[30] allein auf dem Gegensatz, zwischen dem allgemein gültigen Gesetz, das das Parlament erlassen hat, und der konkreten Entscheidung der Exekutive. Zusätzlich benennt Schmitt dies als entscheidenden Gegensatz zwischen konstitutionellem Denken und Absolutismus: „Die entscheidende Distinktion bleibt immer, ob das Gesetz ein genereller, rationaler Satz ist oder Maßnahme, konkrete Einzelverfügung."[31] Ein weiterer Unterschied sei die Teilung der Gewalten.

2.2.1.2 Öffentlichkeit und Gewaltenteilung

Mit der Gewaltenteilung und dem Glaube an die Öffentlichkeit sollte der Absolutismus bekämpft werden - „jene beiden Postulate der Öffentlichkeit und der Gewaltenbalancierung [...] sucht[en] die im Absolutismus enthaltene Machtkonzentration durch ein System der Machtteilung aufzuheben."[32] Dies konnte durch das Parlament erreicht werden. Die Öffentlichkeit durch die veröffentlichte Meinung im Parlament und die Gewaltenteilung aufgrund der Teilung der Staatsgewalten und einer Teilung der Meinungen durch verschiedene Repräsentanten im Parlament an sich.

Schmitt erklärt den Glauben an die Öffentlichkeit mit dem „absolut typischen"[33] Vertreter des Parlaments - Guizot. Dieser hatte Eigenschaften des parlamentarischen Systems aufgezeigt. Unter anderem sei eine Kerneigenschaft die Öffentlichkeit des staatlichen Betriebes, die es den Bürgern ermöglicht, diesen zu kontrollieren.[34] Der eigentliche Glaube an die Öffentlichkeit entwickelte sich aber im Gegensatz zu Machiavelli. Dessen Lehre sah „Staat und Politik nur als eine Technik der Machtbehauptung und Machterweiterung"[35] an, zu welcher auch Staatsgeheimnisse, die „Arcana rei publicae"[36] gehörten. Gegen die Lehre Machiavellis entwickelte sich eine Bewegung, die forderte die Geheimnisse abzuschaffen. Jede Geheimpolitik und nicht öffentliche Verhandlung wurde als

---

[27] vgl. Schmitt: Die geistesgeschichtliche Lage des heutigen Parlamentarismus, 2010, S. 43 - 45

[28] Schmitt: Die geistesgeschichtliche Lage des heutigen Parlamentarismus, 2010, S. 56

[29] Schmitt: Die geistesgeschichtliche Lage des heutigen Parlamentarismus, 2010, S.53

[30] ebd.

[31] Schmitt: Die geistesgeschichtliche Lage des heutigen Parlamentarismus, 2010, S. 54

[32] Schmitt: Die geistesgeschichtliche Lage des heutigen Parlamentarismus, 2010, S. 48

[33] Schmitt: Die geistesgeschichtliche Lage des heutigen Parlamentarismus, 2010, S.43

[34] vgl. ebd

[35] Schmitt: Die geistesgeschichtliche Lage des heutigen Parlamentarismus, 2010, S. 47

[36] ebd.

etwas Schlechtes/Böses angesehen. Die Öffentlichkeit wurde so zu einem höheren Wert an sich. „Beseitigung von Geheimpolitik und Geheimdiplomatie wird das Allheilmittel gegen jede politische Krankheit und Korruption; die Öffentlichkeit wird das absolut wirksame Kontrollorgan."[37]

Dieses Kontrollorgan funktioniert über seine Bildungsfunktion. Dadurch, dass das Parlament seine gesetzgeberischen Tätigkeiten öffentlich macht, kann sich das Volk selbst informieren und so den staatlichen Prozess besser nachvollziehen. Das Volk könne auf diese Weise die Regierung kontrollieren. Durch die Öffentlichkeit und die Diskussion konnte im Parlament eine Balance zu den Herrschenden hergestellt werden.[38]

Diese Balance entwickelte sich weiter zu einer Gewaltenteilung. Der Gedanke des Parlamentarismus hat die Vorstellung übernommen, die einzelnen „Staatstätigkeiten und Instanzen"[39] selbst zu unterteilen. Daraus entstand die Dreigliederung der Gewalten in Legislative, Judikative und Exekutive. Die Legislative, das Parlament, ist durch die verschiedenen Abgeordneten und Parteien in sich selbst noch mal balanciert, was zur relativen Wahrheit führt (s.o.). Die Exekutive hingegen kann aufgrund der Dezision, die getroffen werden muss, selbst nicht geteilt werden.[40]

Die Menschen glaubten an das Parlament, weil sie den Grundprinzipien, der Öffentlichkeit und der Volkskontrolle, die mit diesem einhergehen vertrauten. Zudem erwarteten sie, geprägt vom liberalen Bild, dass sich aus dem Wettkampf der Meinungen im Parlament, auch das beste staatliche Ergebnis erzielen wird. Um zu zeigen, dass der Glaube an das Parlament aufhören muss und seine Epoche vorbei sei, werden beide Haupteigenschaften von Schmitt massiv kritisiert.

2.2.2 Schmitts Kritik am Parlamentarismus

Schmitts Herangehensweise an die Kritik ist beachtenswert. Auf Seite 28 zählt er alle bekannten Probleme des parlamentarischen Systems auf. Diese gingen von der „Banalität der Parlamentsreden"[41] über „die würdelose Diätenpraxis"[42] bis hinzu der Bezeichnung des Parlaments als einen „Schatten der ökonomischen Realitäten"[43]. Im Anschluss daran geht er aber nicht weiter auf die Kritik ein, sondern setzt sie als allgemein bekannt voraus. Schmitt selbst will noch tiefer gehen, um zu zeigen

> „wie wenig den heute herrschenden politischen und sozialen Gedankengängen die systematische Basis, aus welcher der moderne Parlamentarismus entstand, überhaupt noch faßbar ist, wieweit die Institution

---

[37] Schmitt: Die geistesgeschichtliche Lage des heutigen Parlamentarismus, 2010, S. 48

[38] vgl. Schmitt: Die geistesgeschichtliche Lage des heutigen Parlamentarismus, 2010, S. 61

[39] Schmitt: Die geistesgeschichtliche Lage des heutigen Parlamentarismus, 2010, S. 50

[40] vgl. Schmitt: Die geistesgeschichtliche Lage des heutigen Parlamentarismus, 2010, S. 57

[41] Schmitt: Die geistesgeschichtliche Lage des heutigen Parlamentarismus, 2010, S. 28

[42] ebd.

[43] Schmitt: Die geistesgeschichtliche Lage des heutigen Parlamentarismus, 2010, S. 30

moralisch und geistig ihren Boden verloren hat und nur noch als ein leerer Apparat, kraft einer bloß mechanischen Beharrung mole sua aufrecht steht."[44]

Das Parlament hätte sich von seinen Grundprinzipien verabschiedet und würde deswegen nur noch als praktisch-technisches Mittel dienen, das funktioniert und daher nützlich sei, mehr aber auch nicht.[45] Seine Kritik fußt auf den Veränderungen der Eigenschaften der Öffentlichkeit und der Diskussion, weitet sich aber auch auf das Wahlsystem und die Gewaltenteilung aus.

Öffentlichkeit und Diskussion:

Schmitt hat bei seinen Eigenschaften des Parlaments festgelegt, dass das Parlament nur solange „wahr" sei, solange in ihm diskutiert wird. Seiner Definition nach, muss sich die Diskussion ohne eigene Interessen der Abgeordneten vollziehen und darf sich nur um das eigentliche Argument drehen.[46] Dies sei im heutigen Parlament aber nicht mehr der Fall. Die Parteien würden als „soziale oder wirtschaftliche Machtgruppen"[47] aufeinandertreffen, die ihre gegenseitigen Interessen berechnen und Kompromisse eingehen. Alles entwickle sich zu „Beute und Kompromißobjekte[n] von Parteien"[48]. Die Öffentlichkeitsfunktion, die das Parlament ausführen sollte, falle auch dadurch weg, dass die Öffentlichkeit nicht mehr sachgemäß und inhaltlich informiert wird. Die einzelnen Parteien versuchten vielmehr durch einen „Appell an nächstliegende Interessen und Leidenschaften"[49] möglichst viele Wählerstimmen zu gewinnen.

Zudem falle die Öffentlichkeit aufgrund der Ausschüsse weg. Diese beschließen die Staatspolitik im Geheimen, hinter verschlossenen Türen. Bei einem Vergleich der heutigen Geheimpolitik, mit der aus dem 17. und 18. Jahrhundert, müsse letztere als „harmlos und idyllisch"[50] erscheinen, da früher zwar die großen Staatsentscheidungen geheim gehalten wurden, heute aber in jedem Gegenstandsbereich Geheimnisse vorhanden seien.[51] Die Entscheidungen, die über das Schicksal des Landes bestimmten, seien nicht mehr „das Ergebnis einer Balancierung der Meinungen in öffentlicher Rede und Gegenrede und nicht das Resultat parlamentarischer Debatten"[52], sondern würden in Ausschüssen beschlossen. Möglicherweise ginge dies nicht anders, dennoch müsste man einsehen, dass durch den Wegfall der Öffentlichkeit und Diskussion die Grundprinzipien des

---

[44] ebd.

[45] vgl. Schmitt: Die geistesgeschichtliche Lage des heutigen Parlamentarismus, 2010, S. 7

[46] vgl. Schmitt: Die geistesgeschichtliche Lage des heutigen Parlamentarismus, 2010, S. 9

[47] Schmitt: Die geistesgeschichtliche Lage des heutigen Parlamentarismus, 2010, S. 11

[48] Schmitt: Die geistesgeschichtliche Lage des heutigen Parlamentarismus, 2010, S. 8

[49] Schmitt: Die geistesgeschichtliche Lage des heutigen Parlamentarismus, 2010, S. 11

[50] Schmitt: Die geistesgeschichtliche Lage des heutigen Parlamentarismus, 2010, S. 63

[51] vgl. Schmitt: Die geistesgeschichtliche Lage des heutigen Parlamentarismus, 2010, S. 62 - 63

[52] Schmitt: Die geistesgeschichtliche Lage des heutigen Parlamentarismus, 2010, S. 62

parlamentarischen Systems verloren seien und das Parlament dadurch selbst „zu einer Fassade"[53] würde.

Gewaltenteilung und Wahl der Repräsentanten:

Aufgrund des Verlustes der Öffentlichkeit und der Diskussion sei auch die Gewaltenteilung, reine Illusion. Die Volksvertretung würde nicht als ein Part der Gewaltenteilung auftreten, sondern die Gewaltenteilung vielmehr aufheben.[54]

Den Gedanke, dass das Volk seinen Willen über eine geheime Wahl äußern kann, sieht Schmitt als etwas zutiefst undemokratisches an. Die Wahl der Repräsentanten sei zwar liberal, aber definitiv nicht demokratisch. Durch den geheimen Abstimmungsprozess, welcher in der privaten Wahlkabine stattfindet, würde nicht der Wille des Volkes geäußert und demnach elementare Wahrheiten übersehen. Bolschewismus oder Faschismus hingegen seien viel demokratischer, da sie es schaffen würden den Willen des Volkes zu erkennen. Sie schafften auf diese Weise die, für die Demokratie benötigte Homogenität[55]

> „Der Wille des Volkes kann durch Zuruf, durch acclamatio, durch selbstverständliches, unwidersprochenes Dasein ebensogut und noch besser demokratisch geäußert werden[...]Vor einer [...] unmittelbaren Demokratie erscheint das aus liberalen Gedankengängen entstandene Parlament als eine künstliche Maschinerie"[56]

Das parlamentarische System ist laut Schmitt nicht nur undemokratisch, sondern auch nicht geeignet den Willen des Volkes zu vertreten. Eine direkte Demokratie würde diesen Anforderungen um einiges mehr genügen. Das Parlament mit seinen Volksvertretern, ist demnach eine nicht mehr angebrachte Erscheinung, da es seinen ursprünglichen Auftrag in der heutigen Erscheinungsform nicht mehr erfüllen kann. Das Parlament hat „seine bisherige Grundlage und seinen Sinn verloren"[57].

2.3 Zwischenfazit

Schmitt sieht die Grundgedanken des Parlaments als veraltet an. Die grundlegenden Eigenschaften Öffentlichkeit und Diskussion erfülle das Parlament nicht mehr. Es existiere nur noch als praktisches Mittel, seine Grundlagen seien nicht mehr vorhanden.

Schmitt erwähnt ganz zu Anfang seiner Schrift, dass Epochen zu Ende sind, wenn der Sinn für das grundlegende Prinzip verloren gegangen ist. Wenn die Überzeugungen, die zu einer Institution gehören, als veraltet gelten, dann muss auch die Institution an sich verschwinden. Möglicherweise bestehe diese Institution noch für etliche Jahre als „praktisch-technisches[s]"[58] Mittel, aber sobald

---

[53] vgl. Schmitt: Die geistesgeschichtliche Lage des heutigen Parlamentarismus, 2010, S. 62

[54] vgl. ebd.

[55] vgl. Schmitt: Die geistesgeschichtliche Lage des heutigen Parlamentarismus, 2010, S. 22

[56] Schmitt: Die geistesgeschichtliche Lage des heutigen Parlamentarismus, 2010, S. 22 - 23

[57] Schmitt: Die geistesgeschichtliche Lage des heutigen Parlamentarismus, 2010, S. 63

[58] Schmitt: Die geistesgeschichtliche Lage des heutigen Parlamentarismus, 2010, S. 13

ein anderes Verfahren zeigt, dass es anders geht, ist die Institution hinfällig. Schmitt hat aufgezeigt, dass der Glaube und damit das Prinzip Parlament hinfällig ist. Der Konflikt der modernen Massendemokratie ist aus seiner Sicht gelöst - der liberale Teil hat versagt.

3. Johannes Agnoli - Die Transformation der Demokratie

Johannes Agnoli veröffentlichte 1968 sein Werk „Die Transformation der Demokratie." Er bemängelt vor allem, die schleichende Veränderung der Demokratie hin zu einem autoritären Staat mit oligarchischer Herrschaft. In seiner Schrift verfolgt er das Ziel, „den Mechanismus des Staates in den Aspekten durchsichtig zu machen, die den Herrschafts- und Repressionscharakter der Gesellschaft verhüllen."[59] Dadurch versucht er, die Transformation der Demokratie aufzuhalten und einen „friedlichen Revolutionsprozeß"[60] anzustoßen. Im Folgenden wird zunächst erläutert, was Agnoli unter dem Transformationsprozess versteht und wie sich dieser auf die Demokratie auswirkt. Anschließend werden die Eigenschaften des Parlaments vorgestellt und Agnolis Kritik daran rekonstruiert.

3.1 Prämissen der Parlamentarismuskritik - Demokratie und Kapitalismus

Agnoli gibt keine wirkliche Definition des Begriffes Demokratie. In einem Nebensatz erwähnt er aber, dass mehr Demokratie die Möglichkeit „zu einer zunehmenden Beteiligung der Massen an wirtschaftlichen, politischen, kulturellen Entscheidungsprozessen und zu dem damit verbundenen Abbau von Herrschaftspositionen"[61] gäbe. Demokratie wird prinzipiell von seinem Namen her als Herrschaft des Volkes verstanden. Ausgehend von dieser Feststellung beginnt er mit seiner Kritik. So sei schon bei den Beratungen über das Grundgesetz versucht worden, eine „Demokratie ohne demos"[62] zu erschaffen. Allerdings wäre dieses Ziel durch den parlamentarischen Rat hinreichend verschleiert worden, so dass es nicht weiter aufgefallen wäre.[63] Dennoch würden die Herrschenden heute immer noch weiter versuchen das Volk zu entmachten. Der fundamentale Widerspruch innerhalb Demokratien läge in dem Unterschied „zwischen dem individuell privilegierten Herrschaftsanspruch von Eigentum, Verfügungsgewalt und Wissen auf der einen Seite und den Inhalten einer modernen Gesellschaft auf der anderen Seite"[64]. Der Staat versuche diesen Gegensatz zu überwinden und müsse daher zwangsläufig über eine „Involutionstendenz zu einem autoritärem Staat rechtsstaatlichen Typus"[65] führen, da das Ziel darin liege allein die Interessen der

---

[59] Agnoli: Die Transformation der Demokratie, 1990, S. 27

[60] ebd.

[61] Agnoli: Die Transformation der Demokratie, 1990, S. 21

[62] Agnoli: Die Transformation der Demokratie, 1990, S. 56 - 57

[63] vgl. Agnoli: Die Transformation der Demokratie, 1990, S. 57

[64] vgl. Agnoli: Die Transformation der Demokratie, 1990, S. 22

[65] Agnoli: Die Transformation der Demokratie, 1990, S. 24

Herrschenden zu vertreten. Eine Involution ist der Gegensatz einer Evolution und daher ein Rückschritt in der Entwicklung. Agnoli will diese Involution aufdecken und einen Weg aufzeigen, dieser zu begegnen.

In Deutschland mache sie sich dadurch kenntlich, dass sie als Reformation der Demokratie bezeichnet würde, in Wirklichkeit aber ein Rückschritt sei, der „die Funktion der traditionellen Institute verändert und [...] die Gewichte innerhalb der traditionellen Strukturen verlagert."[66] Agnoli kritisiert zudem das Verbot der Kommunistischen Partei. Dies würde den ohnehin schon stattfindenden Transformationsprozess nur noch unnötig beschleunigen und die Ungleichheit weiter ausbauen.[67]

Agnoli verzichtet in seinem Werk auf eine explizite Liberalismuskritik, führt aber hinsichtlich eines kapitalistischen Wirtschaftssystems aus: „Insofern begann der Kapitalismus schon vor der jetzigen, ‚dritten Entwicklungsphase der Demokratie' (Flechtheim), innerbetrieblich sozial zu werden, [...] [diese Maßnahmen] dienten dazu, Statusfixierung zu erzeugen und manipulativ ausgeübte Unterdrückung akzeptabel zu machen."[68] Der Kapitalismus verhalte sich nur scheinbar sozial. Er sei nach wie vor ausbeuterisch unterwegs, würde aber die Arbeitenden so manipulieren, dass dies nicht auffalle.

Durch die soziale Sicherung bei den Arbeitsstätten, konnten Massenproteste gegen das wirtschaftliche System verhindert werden. Die Ruhe in den Betrieben wurde aber durch gesellschaftliche Probleme, die mit „zur Arbeit" gebracht wurden, gestört. Deswegen hat die Wirtschaft bald auch nach staatlichen Lösungen zur Befriedigung der Gesellschaft gerufen. Dies „gehört zur spezifisch sozialpolitischen Seite der heutigen Verfilzung von Staat und Gesellschaft und des neuen wechselseitigen Verhältnisses von Verwaltung und Wirtschaft"[69]. Die Forderungen beliefen sich darauf, dass jegliche Reibung und Differenzen zwischen „Befehlsgewalt und Abhängigen [...] so ausgetragen werden, daß dabei keine nennenswerte Störung im normalen Ablauf des kollektiven Lebens eintritt."[70] Oberste Priorität des Staates sei die Herstellung einer sozialen Ordnung. Der soziale Friede als Ziel sei aber gleichzeitig eine große Manipulation, um „diejenigen disziplinierend zu treffen, die potentiell sich gegen die ungleiche Verteilung von Herrschaftspositionen und Privilegienchancen richten."[71] Jeder, der gegen die bestehende Ordnung und Ungleichheit im Staat vorgehen will, wird stigmatisiert und beschuldigt, den sozialen Frieden

---

[66] Agnoli: Die Transformation der Demokratie, 1990, S. 25

[67] vgl. Agnoli: Die Transformation der Demokratie, 1990, S. 30

[68] Agnoli: Die Transformation der Demokratie, 1990, S. 33

[69] ebd.

[70] Agnoli: Die Transformation der Demokratie, 1990, S. 34

[71] Agnoli: Die Transformation der Demokratie, 1990, S. 35

angreifen zu wollen. Der soziale Friede sei daher keine Gefahr für die oligarchische Ordnung, sondern stellt „die Neuauflage des alten politischen Repressionsprogramms des Kapitalismus dar"[72].

Agnoli bezweifelt nicht, dass das Volk durch den Verlust der politischen Beteiligung auch augenscheinliche Vorteile hat. So würde zum Beispiel die finanzielle Situation der Einzelnen durch einen wirtschaftlichen Aufschwung stark verbessert. Der Einzelne sieht das Positive der Transformation und wird auf diese Weise zufrieden mit der Politik. Die „herrschende Klasse [macht sich] unantastbar."[73] Sie ist aber gleichzeitig auch von einer funktionierenden Wirtschaft abhängig. Um für den Fall einer Rezession gewappnet zu sein, müssten die Herrschenden schon das Volk soweit manipuliert haben, dass sie einen beruhigenden Vertrauensvorschuss besäßen.[74]

Eine wichtige Rolle in der Manipulation der Massen lässt Agnoli dem Parlament zukommen. Dieses würde den Gegensatz von individuellem Eigentum und Kollektivproduktion aufheben und in einen Pluralismus verwandeln.[75]

3.2 Parlamentarismus

3.2.1 Eigenschaften

In die Eigenschaften des Parlaments griff laut Agnoli das Bürgerkönigtum schon so manipulierend ein, dass das Volk aus dem parlamentarischen Prozess weitgehend rausgehalten wurde. „Das Repräsentationsprinzip - der Kern des Parlamentarismus - wurde als Verfassungsnorm erdacht, gewollt und verwirklicht mit einer genauen repressiven Aufgabe, die schon von Anfang an einen Befriedungscharakter trug"[76]. So hätte das Volk sich vertreten gefühlt, in Wirklichkeit wäre es aber durch das Repräsentationsprinzip so weit wie möglich von den Entscheidungsstätten des Staates ferngehalten worden.[77]

Der Befriedungscharakter des Parlaments liege in der Reduktion der Konflikte der Gesellschaft. Die Auseinandersetzungen einzelner Gruppen würden aus der Gesellschaft in das Parlament getragen und dort gemildert. Die Parlamentsmitglieder setzten die Austragung nicht fort, sondern gäben sie lediglich wieder und nähmen ihr so eine gewisse Schärfe. Ein unlösbarer Konflikt innerhalb der Gesellschaft sei im Parlament lösbar.[78] Durch Wahlen und Abstimmungen wird die Möglichkeit eines blutigen Konflikts innerhalb der Gesellschaft streng nach der „altenglischen Parole: Wahlzettel

---

[72] ebd.

[73] Agnoli: Die Transformation der Demokratie, 1990, S. 36

[74] vgl. ebd.

[75] vgl. Agnoli: Die Transformation der Demokratie, 1990, S. 38

[76] Agnoli: Die Transformation der Demokratie, 1990, S. 39

[77] vgl. ebd.

[78] vgl. Agnoli: Die Transformation der Demokratie, 1990, S. 42

statt Gewehrkugeln"[79] ausgeschlossen. Der Konflikt der Massen würde allein durch Wahlen entschärft.

Um den sozialen Frieden zu erreichen wandle sich das Parlament selbst zu einem Sicherungsorgan der Herrschaft.[80] Es diente als Stoßdämpfer, der sämtliche Kritik an der Regierung abfange und so diese schützt.[81] Dass es dabei, aber keine wirkliche Macht besitze, diente der Aufgabe des Parlaments. Als Fiktion und symbolische Einrichtung erfülle es die Funktion, die benötigt sei, um die „unmündige Gesellschaft"[82] zu beruhigen. Durch den Anschein der Repräsentation würde das Parlament zum größten freiheitseinschränkenden Element.[83]

Die Fiktion der Repräsentation wurde seit Bestehen des Parlamentes immer größer. Schon bei seiner Einführung vertrat das Parlament den Anspruch das ganze Volk zu repräsentieren. Tatsächlich sei aber allein die Klasse des Großbürgertums vertreten worden, da nur Abgeordnete dieser gesellschaftlichen Schicht im Parlament waren. Für die Vertretenen bestand tatsächlich eine „Identität von Regierten und Regierenden"[84].

Diese nutzten ihre Macht, um Gesetze gegen andere, nicht vertretene Gruppen zu erlassen, denn mit Repräsentation ging die „Herrschaft über andere"[85] einher. In der Herrschaft über andere lag die Souveränität des Parlaments. Durch die Erweiterung der Wählerschichten, stieg jedoch die Zahl der Volksvertreter, so dass das Parlament zunehmend seine Souveränitätsrechte verlor und ebenso dem Anspruch der Identität von Regierten und Regierenden nicht mehr gerecht werden konnte.[86]

Agnoli sieht die Transformation des Parlamentes in der Änderung der Funktion „Identität von Vertretung und Herrschaft - die neue [Aufgabe des Parlaments] wird dadurch bestimmt, daß gleichzeitig sein Vertretungs- und Herrschaftscharakter, seine Kontrollfähigkeit und seine Souveränität abgebaut werden"[87].

Gegen generelle Vorwürfe, die die Entmachtung des Parlamentes oder die „„Substanzentleerung der politischen Auseinandersetzungen""[88] kritisieren, wendet er ein, dass diese scheinbare Ohnmacht nur dem Zweck diene, den sozialen Frieden zu sichern. Dass Agnoli mit dieser Aufgabenzuteilung des Parlamentes aber nicht einverstanden ist, wird in seiner Kritik sehr deutlich.

---

[79] ebd.

[80] vgl. Agnoli: Die Transformation der Demokratie, 1990, S. 65

[81] vgl. Agnoli: Die Transformation der Demokratie, 1990, S. 74

[82] Agnoli: Die Transformation der Demokratie, 1990, S. 67

[83] vgl. Agnoli: Die Transformation der Demokratie, 1990, S. 66

[84] ebd.

[85] Agnoli: Die Transformation der Demokratie, 1990, S. 67

[86] vgl. ebd.

[87] Agnoli: Die Transformation der Demokratie, 1990, S. 68

[88] ebd.

3.2.2 Agnolis Kritik am Parlamentarismus

Die „Substanzentleerung" des parlamentarischen Betriebes unterliege dem Zweck das politische Publikum, das Volk, von den wirklichen Problemen des Landes abzulenken. Wichtige Probleme würden nicht mehr im Parlament diskutiert, sondern nur „Sekundärprobleme, Personalmißstände und vereinzelte Mißbräuche"[89] behandelt. So lenke das Parlament von den tatsächlichen Schwierigkeiten des Landes ab. In dieser Funktion würde zudem das Prinzip der Öffentlichkeit vernachlässigt. In Krisensituationen würde das Volk absichtlich uniformiert bleiben. Infolgedessen wird das Volk „nicht beunruhigt und bleibt für Maßnahmen der Führung verfügbar."[90]

Würde es das Parlament nicht schaffen, das Volk zu manipulieren, würde die Exekutive zu gewaltsamen Maßnahmen greifen müssen, um das Volk ruhig zu halten.[91] Von daher sei die Transformation der Demokratie im Vergleich zum Terror, welcher im Faschismus herrschen würde, zu begrüßen.[92]

Dieser Vergleich mit dem Faschismus ist aber auch das einzig Gute, das Agnoli an der Transformation der Demokratie festzustellen vermag.

Das Parlament würde für sich den Anspruch erheben, das Volk homogen zu vertreten und als ebenso homogene Gruppe an der Entstehung der Gesetze beteiligt zu sein. Die Wirklichkeit sei aber, dass das Parlament eben nicht homogen sei und nicht jeder Abgeordnete die gleichen Befugnisse habe, sondern die Abgeordneten im Parlament einer strikten Hierarchie unterliegen würden.[93] Genau wie in der Gesellschaft auch, bildeten sich Gruppen, die höher als andere gestellt wären. Im Parlament entwickle sich so eine Oligarchie. Diese bestehe nicht nur aus einer „Anhäufung von Informationen, Kompetenz und Befugnis in den Händen weniger innerhalb des Parlaments [...][sondern] viel mehr durch ihre Verbindung mit den außerhalb des Parlaments etablierten Trägern von Herrschaft"[94].

Dabei spiele die Parteizuordnung der Mitglieder keine Rolle. Denn aufgrund der Parlamentswahlen und des Stimmenkampfes, versuchten alle Parteien die Interessen der Allgemeinheit abzudecken. Spezifische Wählergruppen gäbe es nicht mehr. „Die Parteien trennen sich von der eigenen, aktuellen oder potentiellen gesellschaftlichen Basis und werden zu staatspolitischen Vereinigungen."[95] Die einzelnen Parteien bezögen sich nur noch auf die Sache und wendeten keine spezifische Ideologie mehr an. Die Unterschiedlichkeit, die sie dem Wähler im Wahlkampf vorgeben, sei reine Illusion. Die Parteien gäben die Unterschiede an, um einen Machtgewinn zu

---

[89] Agnoli: Die Transformation der Demokratie, 1990, S. 69

[90] Agnoli: Die Transformation der Demokratie, 1990, S. 62

[91] vgl. Agnoli: Die Transformation der Demokratie, 1990, S. 73 - 74

[92] vgl. Agnoli: Die Transformation der Demokratie, 1990, S. 41

[93] vgl. Agnoli: Die Transformation der Demokratie, 1990, S. 70

[94] Agnoli: Die Transformation der Demokratie, 1990, S. 70 - 71

[95] Agnoli: Die Transformation der Demokratie, 1990, S. 47

erzielen, eigentlich seien sie aber alle gleich: „Sie bilden die plurale Fassung einer Einheitspartei - plural in der Methode des Herrschens, einheitlich als Träger der staatlichen Herrschaft gegenüber der Bevölkerung"[96] Ihr Ziel sei nicht mehr die Volksvertretung, sondern den eigenen, einmal erreichten Status als Teilhaber an dem Herrschaftssystem zu halten und möglichst stark auszubauen.[97]

Dieser Prozess der Auseinandersetzung über den größten Einfluss, würde sich überall in der westlichen Welt abspielen und trotz Gewaltenteilung, die endgültige Macht tatsächlich in den Händen einiger Weniger aus Politik, Gesellschaft und Wirtschaft liegen. Das Parlament würde demnach das Volk exakt widerspiegeln, denn es habe genau wie dieses keinerlei Einfluss.[98]

Allerdings würde zur Sicherung der sozialen Ordnung dem Parlament eine gewisse Restmacht zugestanden. Diese äußere sich darin, gegebene Entscheidungen durch Ausschussarbeit rückgängig zu machen. Die tatsächliche Macht, die das Parlament dadurch zurückerlangt, sei minimal, denn es könne gegebenenfalls nur Sach- und Alltagsentscheidungen treffen, die die oligarchischen Herrscher nicht interessierten. Das reiche aber schon, um dem Volk die Wirkungskraft des Parlaments durch die Öffentlichkeit der Tätigkeit der Abgeordneten und ihrer angeblichen Entscheidungskraft zu signalisieren. Allein das bloße Vorhandensein des Parlaments würde die Masse befriedigen und die soziale Ordnung garantieren.[99]

Selbst Mittel, die das Parlament und das Volk stärken sollten, wie die Petition oder die parlamentarische Anfrage, seien tatsächlich nur manipulative Errungenschaften, die das Volk weiter befrieden. Jeder noch so radikale Protest würde durch eine Petition der bestehenden Ordnung untergeordnet und so von seiner Brisanz entfernt. Die Herrschenden bräuchten sich nicht vor einer „revolutionär gehaltenen Massenpetition"[100] fürchten, denn durch die Einbringung dieses Problems in das herrschaftssichernde Organ Parlament, sei die revolutionäre Bedrohung abgefangen.[101]

Agnoli spricht dem Parlament zudem seine Aufgabe der Gesetzgebung ab. Die Beteiligung an der Gesetzgebung bestehe vielmehr darin, die von dem oligarchischen Machtzirkel beschlossen Gesetze, zu akzeptieren und den Entschluss in die Bevölkerung zu tragen. Das Parlament sei daher keine Volksvertretung, sondern „ein Exekutivorgan, das statt Tendenzen der Bevölkerung zu vermitteln - Richtlinien der Politik von oben nach unten trägt"[102]

---

[96] Agnoli: Die Transformation der Demokratie, 1990, S. 53

[97] vgl. Agnoli: Die Transformation der Demokratie, 1990, S. 48

[98] vgl. Agnoli: Die Transformation der Demokratie, 1990, S. 71

[99] vgl. Agnoli: Die Transformation der Demokratie, 1990, S. 71 - 72

[100] Agnoli: Die Transformation der Demokratie, 1990, S. 74

[101] vgl. Agnoli: Die Transformation der Demokratie, 1990, S. 74 - 75

[102] Agnoli: Die Transformation der Demokratie, 1990, S. 78

3.3 Zwischenfazit

Johannes Agnoli zeichnet ein düsteres Bild des parlamentarischen Systems. An eine Demokratie mit Volksregierung scheint er nicht zu glauben. Vielmehr bestehe das moderne Herrschaftssystem aus einem verfilzten oligarchischem Machtzirkel von Vertretern aus Politik, Gesellschaft und Wirtschaft. Dem Parlament komme dabei nur die Aufgabe zu, die Massen zu beruhigen und den Einfluss des Volkes auf die Politik möglichst gering zu halten. Es sei ein rein manipulatives Organ, welches den Schein der Volksbeteiligung waren soll.

4. Vergleich der Parlamentarismuskritiken

Sowohl Johannes Agnoli als auch Carl Schmitt kritisieren das Parlament sehr stark. Im Folgenden werden die beiden Kritiken miteinander verglichen, Gemeinsamkeiten herausgestellt und Unterschiede, auch gerade im Ziel der jeweiligen Kritik, verdeutlicht.

4.1 Gemeinsamkeiten

Agnoli und Schmitt erläutern beide, wieso die Menschen an das Parlament glauben. Dabei steht der Gedanke an die Öffentlichkeit und die Volkskontrolle bei beiden im Vordergrund. [103] Tatsächlich sei das Parlament aber relativ machtlos. In ihm würden nur alltägliche Probleme diskutiert. Schmitt umschreibt dies mit der Bemerkung, dass keine „absoluten Fragen der Weltanschauung"[104] behandelt werden können, während Agnoli konkret beschreibt, dass das Parlament nur noch über „Sekundärprobleme"[105] diskutiert. Die tatsächliche Entscheidung verorten sowohl Schmitt als auch Agnoli dem nicht-öffentlichen Raum zu. Schmitt schreibt „[e]ngere und engste Ausschüsse von Parteien oder von Parteikoalitionen beschließen hinter verschlossenen Türen"[106] und auch Agnoli kritisiert, dass „der eigentliche Entscheidungsprozeß nicht öffentlich"[107] verläuft. Das Parlament sei jedenfalls nicht für die Entscheidung über politische Vorgaben und konkrete Gesetze verantwortlich.

Diese Aufgabe übernehme die Exekutive. Sie würde laut Agnoli auch der Versuchung unterlegen sein, den Zwischenschritt der Vermittlung der Gesetze durch das Parlament aufheben zu wollen und die „Direktheit des Befehls [...] in den Beziehungen zwischen ,Führung' und ,Masse' zu reproduzieren"[108] - anders gesagt: das Parlament abzuschaffen.

Schmitt und Agnoli sehen beide die Öffentlichkeit und den Wahlkampf um Stimmen als reine Farce an. Das Volk würde, laut Schmitt, nicht mehr durch das Parlament informiert. Dieses versuche

---

[103] vgl. Schmitt: Die geistesgeschichtliche Lage des heutigen Parlamentarismus, 2010, S. 48 und Agnoli: Die Transformation der Demokratie, 1990, S.68

[104] Schmitt: Die geistesgeschichtliche Lage des heutigen Parlamentarismus, 2010, S. 58

[105] Agnoli: Die Transformation der Demokratie, 1990, S. 69

[106] Schmitt: Die geistesgeschichtliche Lage des heutigen Parlamentarismus, 2010, S. 62

[107] Agnoli: Die Transformation der Demokratie, 1990, S. 69

[108] Agnoli: Die Transformation der Demokratie, 1990, S. 80

vielmehr durch die richtigen Appelle, möglichst viele Wählerstimmen anzusprechen.[109] Agnoli sieht die Sachlage ähnlich: die Parteien seien eigentlich alle Staatsparteien, die nur noch den Schein einer Pluralität vorgeben. Dies machten sie, um möglichst große Stimmengewinne zu erzielen.[110]

Die Stimmgewinne müssten für die Parteien aber nicht von Bedeutung sein, denn in Wirklichkeit zählt a) das Parlament sowieso nicht mehr und b) gibt es innerhalb des Parlaments die oligarchischen Herrscher, die sich laut Agnoli aus verschiedensten Parteimitgliedern zusammensetzten.[111] Die Wahl und das Gezerre um Macht, muss deswegen auch eine Folge der Illusion des Parlaments sein. Schmitt und Agnoli sind sich darüber einig, dass das Parlament eine manipulative Einrichtung ist. So erwähnt Schmitt, dass das Volk „durch richtige Erziehung dahin gebracht werden [kann], daß es seinen eigenen Willen richtig erkennt, richtig bildet und richtig äußert"[112]. Dass der richtige Wille auch von der Exekutive über das Parlament bestimmt werden kann, wird nicht explizit ausgedrückt - die Vermutung liegt jedoch sehr nahe. Agnoli hingegen, schreibt ganz offen, dass die scheinbare Diskussion im Parlament „eine ungemein wichtige manipulative Rolle [spielt], denn es leitet das Interesse des Publikums von den wirklichen Problemen eines Landes"[113]. Beide Theoretiker sehen das Volk als Masse, die beliebig von den Regierenden manipuliert werden kann. Der eine sieht die Möglichkeit das Volk zum „richtigen" Willen zu führen, der andere bescheinigt dem gesamten Herrschaftsapparat, die Sedierung des Volkes.

Sowohl Schmitt als auch Agnoli kritisieren das Parlament. Es würde nur ein manipulatives Herrschaftsorgan (Agnoli) bzw. ein nicht mehr zeitgemäßes Relikt aus einem vergangenen Jahrhundert sein - die Frage die jetzt noch offen ist, wozu die Kritik? Was wollen Schmitt und Agnoli mit ihrer eingehenden Analyse bewirken - und welche Rolle spielt ihr Verständnis der Demokratie dabei?

4.2 Unterschiede in der Parlamentarismuskritik

Wie herausgestellt, haben beide starke Übereinstimmungen in ihrer Kritik am Parlament. Die Unterschiede liegen jedoch auf einer tieferen Ebende. Um sie herauszufinden, werden nochmals die gedanklichen Voraussetzungen beider bemüht.

---

[109] vgl. Schmitt: Die geistesgeschichtliche Lage des heutigen Parlamentarismus, 2010, S. 8

[110] vgl. Agnoli: Die Transformation der Demokratie, 1990, S. 51 - 53

[111] vgl. Agnoli: Die Transformation der Demokratie, 1990, S. 70 - 71

[112] Schmitt: Die geistesgeschichtliche Lage des heutigen Parlamentarismus, 2010, S. 37

[113] Agnoli: Die Transformation der Demokratie, 1990, S. 69

Agnoli sieht eine schleichende Transformation der Demokratie hin zu einem „autoritärem Staat rechtsstaatlichen Typus"[114], welcher durch das Parlament als „Exekutivorgan"[115] der bestehenden Herrschaft weiter ausgebaut wird. Das Parlament manipuliere das Volk, um ihm die Illusion der Volksherrschaft vorzuspielen. In Wirklichkeit aber herrsche ein kleiner oligarchischer Zirkel über die Geschicke des Landes. Selbst die Parteien schließen sich dem Ringen um Macht an und geben nur noch äußerlich vor, unterschiedlich zu sein. In Wirklichkeit aber seien sie die „plurale Verfassung einer Einheitspartei"[116]. Parteiverbote wie das der Kommunistischen Partei in Deutschland, würden diesen Involutionsprozess nur noch verstärken.[117] Aber selbst, wenn eine andere Partei, ähnlich wie die kommunistische Partei, das System kritisiert, so wäre dies kein lang andauernder Zustand. Wenn eine Organisation, getragen von dem Veränderungswillen seiner Mitglieder, es schafft, zu signalisieren, dass sie den Entscheidungsprozess der Politik ändern will, dann „stört [dies] den gesamten Mechanismus der Herrschaft, so empfindlich, daß es für die Herrschenden unumgänglich werden kann, ihn zu institutionalisieren"[118]. „Ihn zu institutionalisieren" bedeutet die Meinungsführer der Gruppe in den oligarchischen Herrschaftsprozess einzubinden und so der Organisation ihre Bewegungskraft zu entziehen. Die Mitglieder werden „mediatisiert [...][sie] werden zum Werkzeug der Pläne und Interessen der Führungsstäbe"[119]. Die Parteien seien, sobald sie am Entscheidungsprozess beteiligt sind, machtlos. Zwar besäßen sie eine gewisse Entscheidungsgewalt, doch diese obliege allein den Führungsstäben. Die Masse, die etwas ändern will, würde aus dem Entscheidungsprozess ausgeschlossen und so ändere sich nichts an der vorherigen Position. Das „Dilemma einer Fundamentalopposition"[120] liege darin, dass sie einerseits versucht radikale Änderungen vorzunehmen, sich andererseits aber, um akzeptiert zu werden, dem parlamentarischem Spiel anpassen muss und somit höchstens am „Machtgebrauch"[121] etwas ändern kann.[122]

Auf parlamentarischem Weg sieht Agnoli demnach keine Möglichkeit das Volk wieder zu mündigen. Dass es überhaupt zur vollständigen Entmündigung gekommen sei, liege auch an der Gesellschaft selbst: „Die Entleerung [des Parlaments] entspricht dem Verlust an gesellschaftlicher Dialektik in einigen westlichen Ländern und kann in keiner Weise dem schlechten oder schwachen Willen der

---

[114] Agnoli: Die Transformation der Demokratie, 1990, S. 24

[115] Agnoli: Die Transformation der Demokratie, 1990, S. 78

[116] Agnoli: Die Transformation der Demokratie, 1990, S. 53

[117] vgl. Agnoli: Die Transformation der Demokratie, 1990, S. 29 - 30

[118] Agnoli: Die Transformation der Demokratie, 1990, S. 49

[119] Agnoli: Die Transformation der Demokratie, 1990, S. 50

[120] Agnoli: Die Transformation der Demokratie, 1990, S. 84

[121] ebd.

[122] vgl. ebd.

Abgeordneten, dem Machtwillen hintergründiger Drahtzieher"[123] zugeordnet werden. Scheinbar macht er die Gesellschaft selbst dafür verantwortlich, dass sie der oligarchischen Herrschaft nicht vorher schon entgegen getreten ist. Im Zusammenhang mit Agnolis vorheriger Kritik liegt es aber nahe, den Verlust der Dialektik der konstanten Manipulation dem Staat anzulasten, so hält er doch frühzeitig fest, dass „der Sinn des Verfassungsstaates darin liegt, einen Zustand des sozialen Friedens zu garantieren, in dem gesellschaftlicher Antagonismus und politische Opposition entkräftet werden"[124] Nach dem dies vollständig erfüllt, der gesellschaftliche Antagonismus aufgehoben und eine politische Opposition faktisch nicht mehr gegeben ist, müsse das Volk handeln.

Dabei müsse es erkennen, dass eine „friedliche Revolution [...] im transformierten Verfassungsstaat nicht stattfinden"[125] kann. Mit friedlicher Revolution bezeichnet Agnoli allerdings die Revolution über den rechtsstaatlichen Weg des Parlaments. Dennoch ermutigt er zur konstanten Gegenwehr gegen den Verfassungsstaat. Die Revolutionäre müssten trotz erheblicher Widerstände und Vergleiche mit Mussolini oder Hitler seitens der manipulierenden Öffentlichkeit, solange für die Freiheit kämpfen, bis ihre Forderungen mehrheitsfähig sind. Erst wenn die „Fundamentalopposition die Massen ergreift"[126] würden die Herrschenden sich dem Problem zuwenden. Das Problem, welches die Herrschenden bekämpfen, ist aber nicht das, was die protestierende Menge anprangert, sondern die Menge an sich. Sie würde vom Staat mit Sanktionen belegt. Diese gehen von „dem Ausschluß aus der rechtsstaatlichen Garantie abgestuft bis zur sichersten Form, Opponenten aus dem politischen Prozeß auszuschalten - Exil, Zuchthaus, Ausrottung"[127]. Mit diesen Konsequenzen konfrontiert, scheint aber eine Volksrevolution unwahrscheinlich und ohne Chancen auf Erfolg. Was ist also Agnolis tatsächliche Konsequenz, was soll das Volk tun? Der Haupttext zur „Transformation der Demokratie" gibt keine weiteren Hinweise.

Möglicherweise kann das Nachwort, welches Agnoli erst 20 Jahre nach Erscheinen seines Hauptwerks verfasste, Aufschluss geben. In diesem wird erneut das Ziel deutlich sich von der Bindung des Staates zu lösen. Agnoli legt großen Wert auf das Ziel der „Rückgewinnung der gesellschaftlichen und politischen Autonomie gegenüber der Form Staat"[128]. Über die genauen Aufgaben und Problemlösungen, mit deren Hilfe man sich von der Manipulation der Herrschaft lösen kann, gibt er aber keine Auskünfte. Zwar bedauert er, dass die revolutionären Kräfte, keine absolute Durchschlagskraft anwenden, sondern lediglich bei Forderungen bleiben. Aber

---

[123] Agnoli: Die Transformation der Demokratie, 1990, S. 69

[124] Agnoli: Die Transformation der Demokratie, 1990, S. 32

[125] Agnoli: Die Transformation der Demokratie, 1990, S. 90

[126] Agnoli: Die Transformation der Demokratie, 1990, S. 93

[127] ebd.

[128] Agnoli: Die Transformation der Demokratie, 1990, S. 164

Handlungsanweisungen und Alternativen zum Modell der Demokratie bleibt er schuldig.[129] Eine Aufforderung zur gewaltsamen Revolution lässt sich jedenfalls nicht finden.

Schmitt hingegen gibt im Vergleich deutlichere Ziele zu erkennen. Er will das Parlament abschaffen. In den Eigenschaften und der Kritik am Parlamentarimus kommt Schmitt zum Ergebnis, dass das Parlament seine Prinzipien Öffentlichkeit und Diskussion verloren habe. Eine Institution ohne Basis kann aber nur so lange als technisches Mittel funktionieren, wie es keine Alternative gibt. In seinem hier nicht untersuchten Kapitel vier der „Geistesgeschichtlichen Lage des heutigen Parlamentarismus" behandelt Schmitt die „irrationalistischen Theorien der Gewaltanwendung" am Beispiel des Bolschewismus und des Faschismus. Er kommt auf den „Mythus" zu sprechen. Dieser sei „eine Lehre unmittelbarer aktiver Entscheidung"[130], welche im elementaren Gegensatz zu dem diskutierenden Parlament und seiner relativen Wahrheit stehe.[131] Der Mythus sei ein Instinkt menschlichen Lebens, der in einem plötzlichen Moment aus der Masse entspränge. Die Vorstellung des Mythus beinhaltete eine Erwartung der letzten „blutigen, definitiven, vernichtenden Entscheidungsschlacht"[132] - die absolute Dezision! Wobei die Entscheidung nicht aus einer Erwägung stammt, sondern einer Intuition und einer plötzlichen irrationalen Bewegung. Der stärkste Mythus sei in dem nationalen zu finden, dieser habe eine größere Kraft als alle anderen Bewegungen.[133] Bisher hätte erst ein Mythus seine Kraft entfaltet und zwar in Italien, wo „unter Berufung auf den Mythus Menschheitsdemokratie und Parlamentarismus verächtlich beiseite gesetzt wurden"[134]. Der Mythus scheint das theoretische Konstrukt zu sein, auf das Schmitt während der gesamten Kritik hingearbeitet hat. Die unmittelbare Dezision des Mythus ist die Verwirklichung der Demokratie. Er bildet die von Schmitt geforderte Einheit von Regierten und Regierenden. Durch seine unmittelbare Durchschlagskraft macht er das Volk zum Souverän. Die Diskussion wird abgeschafft. Aufgrund der Homogenität sei keine Verhandlung mehr nötig - alles verstehe sich von selbst. Bezugnehmend auf eine Aussage Mussolinis nach dessen Marsch auf Rom, befindet Schmitt: „Wie damals, im 16. Jahrhundert, hat wieder ein Italiener das Prinzip der politischen Wirklichkeit ausgesprochen"[135]

---

[129] vgl. Agnoli: Die Transformation der Demokratie, 1990, S. 216 - 217

[130] Schmitt: Die geistesgeschichtliche Lage des heutigen Parlamentarismus, 2010, S. 80

[131] vgl. ebd

[132] Schmitt: Die geistesgeschichtliche Lage des heutigen Parlamentarismus, 2010, S. 81

[133] vgl. Schmitt: Die geistesgeschichtliche Lage des heutigen Parlamentarismus, 2010, S. 88 - 89

[134] Schmitt: Die geistesgeschichtliche Lage des heutigen Parlamentarismus, 2010, S. 89

[135] ebd.

4.3 Lagerzuordnungen

Agnoli äußert die Hoffnung auf Revolutionen, Schmitt sieht die neue politische Realität in dem nationalen Mythus, der den Liberalismus ausschaltet. Als letzter Schritt erfolgt nun die Lagerzuordnung? Bevor die Einordnung erfolgt, muss eine kurze Abgrenzung von „links" und „rechts" erfolgen. Um die Sache etwas zuzuspitzen, werden jeweils Definitionen von Links- und Rechtsextremismus verwendet. Dabei versteht man unter Linksextremismus „radikaldemokratische [und] antikapitalistische Einstellungen"[136], während man unter Rechtsextremismus „antidemokratische und antiegalitäre, fanatisch-nationalistische und häufig rassistische Positionen"[137] versteht.

Bei Johannes Agnoli fällt Zuordnung relativ leicht, ordnet er sich doch selbst der Linken zu („und wir, die Linke[n]"[138]). Es ist aber auch seinen eigenen Äußerungen anzusehen. Agnoli äußert sich sowohl antikapitalistisch als auch radikaldemokratisch. Seine Kapitalismuskritik ist hingegen nicht sonderlich stark ausgeprägt. Ohne Zweifel bemängelt er die Methoden des Kapitalismus und dessen großen Einfluss, aber er erkennt auch die positiven Seiten, wie das vergrößerte Wohlhaben des Volkes. Seine radikaldemokratische Einstellung hingegen ist offensichtlicher. Agnoli verachtet das Parlament als Exekutivorgan der herrschenden Klasse und will das Ende der oligarchischen Ausprägung. Er traut dem Staat nicht und befürchtet eine konstante Manipulation des Volkes. Lehnt sich dieses auf, prophezeit er als einzige Konsequenz seitens der Herrschenden Gewaltanwendung gegen die Revolutionäre. Agnoli will das Volk dazu bewegen, sich von der Unterjochung durch die Herrschenden zu befreien und sich wieder zu bemünden.[139]

Bei Schmitt ist die Sachlage allerdings weitaus weniger deutlich. Nach seiner eigenen Definition von Demokratie müsste er radikaldemokratisch sein. Schließlich fordert er die Überwindung des Parlaments und die Identität von Regierten und Regierenden, die sich durch absolute Homogenität einstellen soll.[140] Andererseits sind bei ihm durchaus starke Tendenzen zum Nationalistischen zu erkennen. Bezeichnet er doch sowohl für die Gleichheit innerhalb der Demokratie als auch den Mythus, die Nation selbst als entscheidende Kraft. Die Homogenität des Volkes ist eine seiner zentralen zugeschriebenen Eigenschaften der Demokratie. In diesem Zusammenhang wären ihm auch rassistische Einstellungen vorzuwerfen. Schließlich fordert er die „Vernichtung des Heterogenen"[141], um eine intakte Demokratie zu erhalten. Unter dem Heterogenen werden in seinen Beispielen meist Bürger aus anderen Ländern aufgezählt.[142] Der entscheidende Punkt, für

---

[136] Bendel: Extremismus, 2005

[137] ebd

[138] Agnoli: Die Transformation der Demokratie, 1990, S. 181

[139] vgl. Agnoli: Die Transformation der Demokratie, 1990, S. 91 - 93

[140] vgl. Schmitt: Die geistesgeschichtliche Lage des heutigen Parlamentarismus, 2010, S.14

[141] ebd.

[142] vgl. ebd.

eine Einordnung in das „rechte Lager", die „antidemokratische" Einstellung, hängt von der Definition von Demokratie ab. Nach seiner eigenen Definition ist er mitnichten Antidemokrat, sondern fordert vehement die absolute Demokratie. Nach gängigeren Definitionen von Demokratie, muss man ihm allerdings doch antidemokratische Einstellungen vorwerfen. Denn

> „(1)Demokratische Herrschaft gründet sich auf das Prinzip der Volkssouveränität und der politischen Gleichheit aller (und zwar unabhängig von Geschlecht, Rasse, Konfession usw.). (2) Sie ist gekoppelt an die Geltung bürgerlicher Grundrechte und an den rechtsstaatl. Schutz des einzelnen vor staatl. Willkür. (3) Die Partizipationsrechte und -chancen des Bürgers sind fundamentaldemokratisiert; dies setzt voraus: (a) allg. und gleiches Wahlrecht (b) effektive Partizipation, d.h. die Möglichkeit, die eigenen Präferenzen zu formulieren und in den Entscheidungsprozeß einzubringen, Chancengleichheit bei der Interessendurchsetzung"[143]

Die meisten dieser Eigenschaften gehen durch den Mythus verloren. Selbst eine direkte Demokratie durch „acclamatio", wie Schmitt es als Alternativmodell zur Geheimwahl fordert, kann keine Gleichheit aller Bürger garantieren. Die Feststellung eines gemeinsamen Willens, bei 100 Millionen Bürgern, durch Zuruf oder bloßes Erkennen des Volkswillen, garantiert keine Chancengleichheit bei der Interessendurchsetzung. Vielmehr wäre die Folge, dass genau wie bei einem durchschlagenden Mythus, die lauteste Masse, bzw. stärkste (brutalste) Bewegung an die Macht kommt. Ist das so und tritt auch der Fall ein, dass über Gesetze nicht mehr diskutiert wird, sondern auf Grund der absoluten Homogenität, die zwischen Volk und Herrscher existiert, nur noch entschieden wird, dann besteht keinerlei Schutz vor Willkür. Allein weil Schmitts „radikaldemokratische" Einstellungen gegen jegliche Demokratiekriterien verstoßen, muss Schmitts Denken dem „rechten Lager" zugeordnet werden. Schließlich hält er den Faschismus für demokratischer hält als eine liberale Demokratie. Der Führer könne den Willen des Volkes besser erkennen, als jegliche Wahl.[144] Gleichzeitig sei es aber auch möglich das Volk selbst zum richtigen Willen zu führen. Wo besteht aber in der von Schmitt propagierten politischen Wahrheit, eine Sicherung dafür, dass der erkannte Wille des Volkes nicht einfach der gewünschte Wille des Herrschers ist? Schmitts Antwort wäre wohl im Mythus zu finden. Aber wieso sollte der Mythus noch einmal entfacht werden, wenn das Volk denkt, es würde ausreichend repräsentiert, weil eine scheinbare Homogenität vorliegt? Das Volk merkt nicht, dass es den Willen des Herrschers übernimmt. Es ist die gleiche Manipulation, die Agnoli dem Parlament vorwirft, in welcher Schmitt die Lösung der Probleme der Massendemokratie sieht.

5.Fazit

Zusammenfassend ist festzuhalten, dass die Kritiken des Parlaments von Johannes Agnoli und Carl Schmitt sich stark ähneln. Die Konsequenzen und Schlussfolgerungen unterscheiden sich hingegen deutlich von einander. Agnoli will, dass das Volk wieder mehr Macht bekommt und nicht mehr durch die Herrschenden unterdrückt wird. Ein hilfreiches Mittel hierfür ist die Revolution. Möglichkeiten zur Verbesserung der Situation oder Handlungsanweisungen für den Fall einer

---

[143] Schultze: Demokratie, 2005

[144] vgl. Schmitt: Die geistesgeschichtliche Lage des heutigen Parlamentarismus, 2010, S. 23

geglückten Revolution gibt er jedoch nicht.

Schmitt hingegen sieht das Problem der modernen Massendemokratie gelöst. Der Liberalismus mit seinem menschheitsdemokratischen Gedanken und seinem Glauben an das Parlament, würde nicht mehr der Zeit entsprechen. Schmitt wartet auf den Mythus, der die endgültige Homogenität des Volkes errichtet. Die Identität von Regierten und Regierenden spiegelt sich darin wieder, dass keine Diskussion mehr benötigt wird. Das Parlament kann endlich abgeschafft werden und die direkte Dezision seinen Platz einnehmen.

Johannes Agnoli kann ohne Zweifel dem „linken Lager" zugeordnet werden.Bei Schmitt jedoch herrschen leichte Schwierigkeiten. Um ihn vollständig einer Denkrichtung zuzuordnen, muss man eine „fremde" Demokratiedefinition herbeiführen. Nach seiner eigenen, wäre nämlich auch er radikaldemokratisch und damit ein Anhänger des „linken" Spektrums. Nach gängigen Demokratietheorien muss sein Denken aber dem „rechten Lager" zugeordnet werden.

6. Literaturverzeichnis

Agnoli, Johannes:

[Die Transformation der Demokratie]
Die Transformation der Demokratie und andere
Schriften zur Kritik der Politik.
2. Aufl.: Ça Ira., Freiburg im Breisgau (1990)

Bendel, Petra:

Extremismus
In: Nohlen, Dieter; Schultze,
Rainer-Olaf (Hg.): Lexikon der Politikwissenschaft. :
Theorien, Methoden, Begriffe. Orig.-Ausg., 3.,
aktualisierte und erw. Aufl.: Beck. München (2005)

Marschall, Stefan:

Parlamentarismus. Eine Einführung.
1. Aufl. : Nomos-Verl.-Ges. (Studienkurs
Politikwissenschaft), Baden-Baden (2005)

Schmitt, Carl:

Die geistesgeschichtliche Lage des heutigen
Parlamentarismus
9. Aufl., unveränd. Nachdr. der 1926 erschienenen 2.
Aufl.: Duncker und Humboldt, Berlin (2010)

Schultze, Rainer-Olaf:

Demokratie
In: Nohlen, Dieter; Schultze,
Rainer-Olaf (Hg.): Lexikon der Politikwissenschaft. :
Theorien, Methoden, Begriffe. Orig.-Ausg., 3.,
aktualisierte und erw. Aufl.: Beck. München (2005)

Lightning Source UK Ltd.
Milton Keynes UK
UKHW01f0933261018
331246UK00002B/284/P